The Daily Telegraph
Bumper Christmas Sudoku

The Daily Telegraph
Bumper Christmas Sudoku

Compiled by Kate Mepham

PAN BOOKS
In association with *The Daily Telegraph*

First published 2008 by Pan Books
an imprint of Pan Macmillan Ltd
Pan Macmillan, 20 New Wharf Road, London N1 9RR
Basingstoke and Oxford

Associated companies throughout the world
www.panmacmillan.com
In association with *The Daily Telegraph*

ISBN: 978 0 330 46430 7
Copyright © Telegraph Media Group Limited 2008
Introduction and sudoku puzzles copyright © Crosswords Ltd 2008

The right of Kate Mepham to be identified as the
author of this work has been asserted by her in accordance
with the Copyright, Designs and Patents Act 1988.

9 8 7 6 5 4 3 2 1

A CIP catalogue record for this book is available from
the British Library.

Image-setting and design by Alex Ware, Frome, Somerset

Printed and bound in Great Britain by
CPI Mackays, Chatham ME5 8TD

Visit www.panmacmillan.com to read more about all our books and
to buy them. You will also find features, author interviews and news
of any author events, and you can sign up for e-newsletters so that
you're always first to hear about our new releases.

Contents

Solving Sudoku

What is sudoku?

From the name alone you would imagine this must be a wholly Japanese invention but the puzzle has popped up in several places over the centuries. Euler was said to have created this puzzle to amuse himself when blind in old age. He extended the well known "Latin square", where only rows and columns need contain unique numbers. Some decades ago the Japanese, voracious consumers of pattern based puzzles, translated an obscure American puzzle called "Number Place". They chose the words su, meaning a number, and doku, meaning single or bachelor – to give us the name we are familiar with today. Word puzzles such as crosswords are much less prevalent in Japan than pattern or number based puzzles and by 2004 sudoku achieved the status of a craze. In early 2005 Michael Mepham introduced the puzzle to the *Daily Telegraph* and other national newspapers followed. Sudoku is now considered to be as much as staple of newspaper life as the crossword, and with good reason as we'll mention in a moment.

Although numbers are involved, **sudoku is not mathematical in the slightest degree**. We could easily substitute letters or types of fruit for the numbers, but numbers used as symbols work best.

	1	2	3	4	5	6	7	8	9
A				1		4			
B			8		6				
C	7						9		3
D	1				9			3	8
E			2			4			
F	9	3			2				6
G	5		7						4
H					4		8		
J		6		7		8			

The challenge

Sudoku is such a deceptively simple puzzle: the challenge can be expressed in one sentence. Given a puzzle like the one here, try and **fill in the remaining squares with numbers 1 to 9 such that each row, column and 3 by 3 box contain all the numbers 1 to 9 without duplication**. You will notice that rows contain nine squares, as do the columns and the boxes, so there is only room for exactly one number. Throughout the book we will refer to the whole puzzle as the **grid**, a small 3x3 grid as a **box** and the square that contains the number as a **cell**. Any row, column or box is called a **unit**. There are several ways to refer to an individual square. We prefer letters down the side and numbers across the top. The top left most cell is called A1 and J9 is the bottom right most. Boxes are numbered 1-9 in reading order, i.e. 123, 456, 789.

About guessing

Try not to. Guessing is a strategy, of a kind, but it is not a very elegant one and you could be lead up the garden path and forced to start again. Once you've jotted down lots of numbers it is hard to erase a mistake and avoid undoing perfectly sound placements. Everything in sudoku is logical, and all the puzzles found in this book have a logical solving route, although on the tough and diabolical ones this may be obscure to say the least. But discovering new strategies and working out *why* you can place a number in a certain cell is all the pleasure of the game.

Slice and Dice

1

To begin with it is worth taking each number in turn and scanning the rows and columns to find boxes where that number is missing. For example, box 5 does not have a 2, but rows E and F do have a 2, and tracing your finger along those two rows shows that 2 can only go in C7. **You have solved your first number**.

2

Looking at how the 8s are spread out, we can see box 4 requires an 8. To fit an 8 in here we can look down column 1. An 8 cannot go in H1 and J1 because of the 8s in those rows, and A1 and B1 is out because we have an 8 already in box 1. The only remaining spot in column 1 is E1.

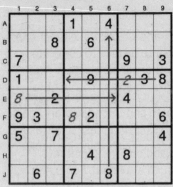

3

Now we can build up some steam. Given that 8 goes in E1 we can use it to place the 8 in box 5. Rows D and E have their 8s and so does column 6. Slicing and Dicing means 8 can only go in F4. Notice that in all cases we are carefully ensuring there are no duplicates in any row, column or box.

4

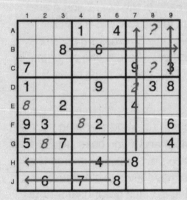

We're on a roll with the 8s. Checking the bottom two rows again G2 is clearly the only place for an 8 in box 7. We've also drawn question marks in box 3 to show you the limits of where we can go with 8 at this time. Slicing and dicing on 8 gives us two possible cells so we can't complete all the 8s at this stage. You should move onto other numbers and hopefully fill either A8 or C8 or find out where the 8 goes in box 2.

5

With only two 8s left and two possible cells in each of box 2 and 3 it is worth making a note of the positions. In the diagram we've placed a small 8 in the four remaining cells. This will help us a good deal later if the sudoku proves to be difficult. Little notes like these are called **candidates** because they are possible solutions for that cell, we're just not to sure which of them at this stage.

Search for the lone number

There are four grades of puzzle in this book and we call the easiest ones 'gentle'. Any casual solver or beginner ought to be able to complete them using Slice and Dice but there is one other simple strategy that comes to mind as soon as you tackle your first sudoku. You want to find those cells for which there is only one possible solution. Merely by picking a cell and counting all the other numbers in the same row, column and box will sometimes reveal such a solution. For example, in the diagram to the left, the cell B4 is interesting. 1, 6, 7, 8 and 9 are already in the box. 2 and 4 are present in the row and 3 is in the column. Only 5 remains a possibility for this cell. There is one other place this works - cell G2 must be an 8.

	1	2	3	4	5	6	7	8	9
A	1			6		7			9
B	4			⑤	9				2
C			2	8		1			3
D		6						1	
E		5					9		
F		1						2	
G	3	⑧		4		9	2		
H	7				1				6
J	5			3		6			8

Naked and Hidden

It is hard work searching for the lone number and if you have sliced and diced but are still stuck it is probably time to start making notes of the possible candidates in each cell. You don't have to do this exhaustively for easy and moderate sudokus but it will help you a great deal with the harder puzzles, if you want to solve them without guessing.

Start by making notes for the numbers you have the most solutions for. The best way to write them is in an imaginary grid of 3 by 3 so [1 2 3] is at the top and [7 8 9] are at the bottom. This helps the eye scan for the candidates when you need to identify certain patterns. These patterns are the key to solving harder sudoku puzzles.

Over the last two years a pleasing naming convention has arisen for the plethora of strategies solvers have come up with. The lone number idea is called a **Naked Single** since the single candidate number is exposed on the cell with no others. It is the last remaining number in each row, column and box. Slice and Dice, by contrast, is looking for the last remaining number in just one row, column or box. Such a candidate may be 'hidden' by other possibles so it is called a **Hidden Single**.

In a moderate puzzle there will be fewer opportunities to spot a Single at any one time. Some moderates and certainly all harder ones will require a little more strategy. This is where Naked and Hidden Pairs come in.

Have a look at the board to the left, which we have drawn larger so you can see all the candidates for all the empty cells. If we can find two cells in the same unit that have just two numbers - the two same numbers, that is, we know that both those cells must contain those numbers. We call this a **Naked Pair**. If that is the case we can remove the candidates from all other rows, columns and boxes which can see both those cells.

G1 and H1 both contains 4 and 9. We don't know which way round yet, but clearly this means the 9 in B1 and the 4/9 in E1 must go. Within the same box, we can remove 4/9 from H3 and the 9 from J3. De-cluttering our grid and removing candidates is how we are going to crack the harder puzzles in this book. Now, there is another Naked Pair on the gird - the 3 and 9 in E6 and E9. See below. This pair is orientated only on the row, so that is where we must look for eliminations. We have highlighted all the candidates that can be removed. Both these Naked Pairs have cleared out the cell E1 leaving just 8 left. We can, completely without knowing the actual solutions of the two Naked Pairs, place a number 8 in E1. This cracks the puzzle and only Slice and Dice, or 'singles' are now needed to complete. If you are on the look out for a simple Naked Pair you must also try and spot the symerically opposite **Hidden Pair**. In this example there are two Hidden Pairs (a circle for one and a hexagon for the other). D3 and F3 contain a 1 and a 6 among other candidates. But do you notice that these are the only 1s and 6s in the column? Logically a 1 or a 6 must go in one of these two cells. We don't know which way round yet, but there is no need to keep the other candidiate in those cells! Likewise in column 7 and in box 6, numbers 4 and 6 stand alone. We can remove the 5 and 8 from D7 and F7 .

Here is the same grid but cleared after the two Hidden Pairs have been applied. You can see that the Hidden Pairs have been revealed as Naked Pairs but no further eliminations are possible.

To crack this sudoku puzzle we need another trick, and a very useful one. It is called a **Pointing Pair**. Have a look at the number 2 in column 2. It so happens that in box 4 there are only two cells remaining that can be 2. Importantly, they are aligned on the same column. If this is the case then the 2 in J2 can't be a solution - the pair *points* to the elimination in J2 and we finally we get to place a number: J2 is a 5. Look for these pairs of a single type of number and you will make progress with the tough graded sudokus.

Triples, Triples, Triples!

Different kinds of pairs such as these are not the end of the story, by any means. It is both logical and sensible to extend them to three cells and apply the same methods. Be on the lookout for three candidate numbers spread over three cells such as the 5/6/7 in the grey cells here. Of great importance is the unit all three cells share. In this case they are aligned on row 3 and reside wholly in box 2. Only Box 2 contains other occurences of 4, 5 and 7 and they can be removed. But there is another triple! We have circled three cells in column 6 which also contain 5,6,7. We've not highlighted the eliminations but brood over the board a moment and you will see them.

	1	2	3	4	5	6	7	8	9
A	6 9	2 56	4	8	3 6 9	1	7	2 3	5 6
B	1 6 7 9	56 7	5 7	3 4 5 6 7 9	2	4 5 6 7	8	1 3	5 6
C	3	1 2	8	5 6 7	6 7	5 6 2	9	1 2	4
D	1 8	4	6	2 3	1 3	2 3 8	5	7	9
E	5	1 7	2	6 7 9	1 6 7 9	6 2	3	4	8
F	7 8	9	3	4 7	5	4 7 8	2	6	1
G	2	8	1	5 7	4	5 2	6	9	3
H	4	3 6	9	2 3 6	8	2 3 6	1	5	7
J	6 7	56 7	5 7	1	3 6	9	4	8	2

If you've not appreciated **Naked Triples** like these before, you may turn round and say, "Hang on! C5 only contains two numbers!". As does E6 and G6. Well, the rule for Naked Triples is that there must be three numbers *in total* spread across three cells, so {1/2}, {1/3} and {2/3} is a perfectly valid Triple, as good as {1/2/3}, {1/2/3} and {1/2/3}.

We might be able to convince you with this **Hidden Triple** example in box 6. There are just three cells where a 2, a 4 and a 7 may go. They are the same cells so we have three numbers confined to three cells. It is not important that *all* three number are considered for *all* three cells and we don't know which way round the solution will be, but none of the other numbers in those cells can be solutions. We can remove the shaded numbers in the diagram. If you are on the look out for Triples, the principle works just as well for Quads (four cells) but these are much rarer.

6	7	8	9
2 5	3 6	3 6	9
3	1	4	7
3	5 8	2	5 8
	4 7 8	3 8	6
5	5 8	9	1 3 5 8
5	2 4 5 7	1 5	1 2 4 5
9	4 8	7	1 4 8
2	9	1 3 6	1 2 2 3
2	2 3 4 5 6 8	3 5 6 8	2 3 4 5 8

Taking on the Tough

A basic discipline of sudoku is recognising candidate groups. As you will see from solving puzzles in this book, spotting the relationship of a group of candidates in one cell to another group elsewhere is fundamental to solving the tougher sudoku.

A great example is the classic **X-Wing** in this sudoku. We have drawn an X between four cells which clearly shows from whence the name came.

This board looks cluttered but with this strategy we are just looking at one number at a time: in this case the number in this new formation is 2. The special relationship we want to highlight concerns those numbers which occur just twice in any row, column or box. These are called **locked pairs** since one or other must be true (but we don't know which). Look at columns 2 and 8 in the diagram and you can see that candidate 2 has only two possible options. They are 'locked' and one or the other will be the solution. Locked pairs on their own don't do a great deal but when compared or combined they are very powerful.

Either the cell marked A or the cell marked C will be 2. Likewise, D or B will be a 2 as well. To make an X-Wing both locked pairs must be able to see each other which means they form a rectangle. Let us pretend that A is going to be the solution. This means C and D cannot be 2 and that forces B to be a 2 as well. Likewise, If C is true D will be as well.

This logic is extremely useful because we've just shown that a 2 must appear in either A or D and C or B. All the other 2s in both these rows can be removed. In this example there is quite a haul of eliminations - They have been shaded in grey.

You will rarely find that a diabolical is a one-trick puzzle. After making some clever deductions, and even placing some solutions, there could be other road-blocks. The sudoku on the previous page is a good example. Even after all those 2s have been removed we still can't place the next solid 2 anywhere. But here is another tool in our shed, called the **Y-Wing**, which will help.

In the diagram to the right we have three cells with two numbers in each. We have used the letters A, B and C to represent any three different numbers. The cell with AB is pivotal. If A turns out to be the solution that forces the cell marked AC to be the number C. Likewise, if AB turns out to be B then the cell marked BC will be a C. Conclusion? The cell crossed out cannot be a C. Cleverly, we have shown that whatever the situation in AB, we know that C is not an option on all those that can see the 'wings' of this formation.

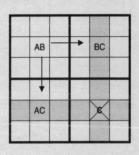

Going back to our example sudoku, we've cleared away the eliminations from the X-Wing. C2 is the pivotal cell. It contains a 4 and a 7. If the anwer is a 4 then G2 will be 2. If the answer is 7 then A3 will be a 2.

We have linked the 2s in A3 and G2 and made them a locked pair. A locked pair, you will remember, allows us to remove all the candidates both cells see. In this example G3, H3 and J3 can see A3 and G2. We have a couple of 2s in those cells and we can remove them. Finally, this cracks the puzzle since there is now only one remaining 2 in column 3. It is plain sailing with Slice and Dice now.

A Dip into the Diabolical

On the harder sudoku puzzles you might have to work for your logical deductions, stretching strategies you know or discover from others.

Having lots of two-value cells on the board is quite a blessing. We can make substantial deductions by jumping from one cell to the next and claim some eliminations that would pass us by with simpler strategies.

The key is to recognise that two-value cells (or bi-values) are like on-off switches. Where bi-value cells see each other and they share candidates, they cascade, so asserting that a cell has a value forces all the others to have a certain solution as well.

Take the {4/5} cells in H1, J1 and J5. All three of these cells can only ever have one of two solutions: 4 - 5 - 4 or 5 - 4 - 5. This is called a "chain" and XY represents the two numbers. These three cells are not the ends of the chain, however. You'll notice that H1 contains a 5 which can see a 5 in H8. At the other end J5 contains a 4 which can see the 4 in G6. So we have two 4-length chains which can only have one of two solutions

    4 - 5 - 4 - 9 [G6]   Or   5 - 4 - 5 - 9 [H8]

So, whatever the solution to the {4/5} cells we know there will be a 9 at either G6 or H8. Any cell containing a 9 that can see both G6 and H8 can have that 9 removed. Such as cell is G9.

There is a connection to Y-Wings from the previous page. In fact, everything we've described in this example IS a Y-Wing, but the hinge, instead of being a single cell is now 3 cells. The pattern and rule is exactly the same, just stretched out a bit. This type of strategy is called an **XY-Chain** and they are well worth looking out for.

Apart from chains and locked pairs there are completely different and very surprising approaches to tackling a sudoku. Take for example, **Unique Rectangles**. All our puzzles have a guarantee that there is only one solution and the solver can take advantage of this boast.

Consider the diagram here where four cells have been shaded. They all contain a 2 and a 5 with H1 having some additional candidates. Now, because you know there is only one solution, you cannot allow H1 to be either a 2 or a 5. If you did - you would find that the 2 and the 5 in all four cells could be swapped around. That is a double solution and a formation like that is called a 'deadly pattern'. If you arrive at such a pattern you have done something wrong.

Spotting a potential deadly pattern allows you to spot a Unique Rectangle. A deadly pattern must exist in exactly two boxes, as the example set A does in the the diagram on the left. The 3 and 5 can be swapped around since swapping *does not change the content of either of the two boxes*. To swap the numbers round in Set B, however, does change the contents of each box and this is not a deadly pattern and you cannot use a Unique Rectangle on this set.

In the example above we have maked with a circle a cell with an elimination based on a different Unique Rectangle. Can you spot it?

The last word

The number of different ways a hard sudoku can be put together is enormous and we don't want to give the impression that this introduction has given you all the clues and strategies you require to solve the puzzles in this book. We hope it is merely a stimulant to explore the amazing logic and depth that these puzzles contain. Unlike many other sudoku publishers we have studied well over sixty different strategies and they are just as important to creating the puzzle as to solving them, so you can expect to be teased and tested by a great range and variety of logical possibilities.

A comprehensive look at all the currently known strategies is available in a book by Andrew Stuart, *The Logic of Sudoku*, and other sudoku variants are available daily from our web site at www.sudoku.org.uk.

No matter how good or bad you are at sudoku, what we can guarantee is that these puzzles will give you a good mental workout. As a keep fit for the brain, in our experience, sudoku is as good as it gets. Have fun.

Acknowledgements

Daily Telegraph readers and sudoku puzzle fans from around the world head these acknowledgements because there has been a wonderful and open display of originality through letters and Internet forums. Debates about the best, most efficient method of cracking difficult bottlenecks have taken us from simple strategies to logical works of art. The true depth of sudoku has only been realised through chaotic and spontaneous collaboration.

A debt is also owed to Michael Mepham for bringing the puzzle to the *Daily Telegraph* in 2005, and sparking this craze. His daughter Kate steers the company helm and you will find her famous General Knowledge crosswords in the same paper and in our *Daily Telegraph* crossword books.

Our thanks also to Telegraph Books Publishing Director Morven Knowles and all the team at the Daily Telegraph who have supported us this year.

Crosswords Ltd

Frome, Somerset, 2008

The Puzzles

		1	3			9		
	4				5	3		
	3	5		6		4	7	
4								3
5			9	3	2			
3								
	5	4		8		6		
	6		2			3	4	
		3	6	4	9	1		7

1

	6		8		7		2	
8		7	3			4		
		8		4		2	5	
2			7		8			1
	5	6		1		9		
		4			1	8		3
			9		2		4	

2

3						6		2
4				5				
6		1	3					
	1	3	6		9	2		
		7	1		5	4	3	
					2	9		6
				7				3
8						5		1

3

8				7				
2	7		9		1			
		4			6	8		
		8		1	2	6		
			7		5			
		9	8	6		4		
		7	3			5		
					8		9	1
				4				6

4

2		6				7		
			9					2
	5		1		6			
						4	9	
9			7					1
	3	2						
		1	6		5			
6					8			
3		7				8		5

5

						8		
		3	2	5				
6						4	5	3
		2			9			6
			1	6	5			
7			8			3		
3	7	4						1
		9		4	3	7		
		5						

6

4							7	8
						1		
	8		7	9	2		4	
				6			8	
8		6		2		9		4
	3			1				
	2		3	7	8		9	
		4						
9	7							3

8	2						3	6
	3			7			4	
			2		4			
			7				5	1
2			5		9			7
7	6				2			
			9		1			
	9			8			2	
6	5						1	4

8

1								
2	4	6		9		5		
		8	6		1			
6			2			9		3
			9		8			
9		2			5			4
			5		7	4		
		1		4		8	5	2
								9

9

7			1					9
3			7		9		1	6
						2		
6	9			5			2	
		4				5		
	1			2			9	7
		9						
4	6		3					1
1					4			5

10

						5	6	
2			1	5				
	4		9		8		1	
4		6				8		2
				6				
3		1				4		6
	2		8		3		5	
				1	2			8
	1	3						

11

9	5				7			4
	2		4				1	
	4			2	9	6		
4		2						
5								3
						1		7
		6	8	7			3	
	1				4		6	
3			1				5	2

12

					1			
			9	7			5	
		6				2	1	
7	4			2				8
	1					4	2	
9				4			3	6
	7	9				3		
	8		6	1	9			
			2					

6		2			4			
1				5				8
						6	9	
			4		7	2		
			2		8			3
		1	5		9			
	7	9						
8				2				9
		3	1			7		6

14

3				5				8
	2			7				
		5				2	3	
			9			6		5
	8		7		6		1	4
7		6			1			
	6	4				8		
				1			4	
8				2				3

2			9		4	3		5
		8						
			7	8	2		4	
	2		1				6	
		7				5		
	9				5		2	
	6		4	2	7			
						8		
9		3	8		1			4

16

	2				4	5		
1	5							9
	6						7	
	8	2		5				
7		9	2		1	8		5
				9		4	2	
	4						1	
8							5	2
		5	9				3	

17

	9			2			7	
1								4
			1		5			
7		8				3		
2	1		3		9		5	6
		5				2		7
			2	9	3			
6								9
	8			5			3	

18

			4	1	3	2		7
		1						
			8		9	5		
		4		8		7	5	
	2						3	
	9	8		7		6		
		3	9		6			
						8		
5		7		3	8			

8						4		9
9		6	7	4		3		5
		2						
3				2	5		9	
	5		8	1				4
						8		
1		8		5	3	9		2
2		7						1

20

		2		8		7		
		3						4
8			1					2
6	3		7					
	1		8		4		7	
					9		3	8
5			4		3			7
3						1		
		7		2		4		

21

	6	9			3			
			2			5		6
4							2	7
				6				
		8	3	5	2	6		
				1				
8	7							2
9		3			7			
	5		9				6	

22

6		3		5				
	5		3		4		2	
	8							3
	4	9			7			
				3				
	6		1			5	8	
9							6	
			9		3		1	
				6		9		5

23

	4							
8					9			
7		3					6	8
	8			6			7	
		4				2		
	6			5			9	
	2					9		1
			2	7	3			4
					6		8	

24

	6				2	3		
			3		6			
5							1	8
8		9	6			1		
7				2				9
		5			8	2		7
6	5							1
			9		7			
		4	2				8	

					8			1
6							3	
		4	5	9		7		
				6	2			
	1	8				3	6	
			3	5				
		5			3	1		
	7				9			8
8			6			9		

26

	4							
				9	3			7
	9	3	6		1			
1				2				
			9	6	7			8
				8				9
			5		6	4	1	
4			2	3				
2							8	

27

	1	8			7	3	5	
			1	4	3		2	
3							1	9
		5	3		2	4		
6	8							5
	9		6	3	4			
		4				1	6	

28

8	2						9	5
		9		5	2	8		
		5				6		
2					4		3	9
7	9		8					6
		7				9		
		3	1	2		5		
9	6						4	8

29

				5				3
		9		6		7		
1			9			4		5
		7			4	9		
				1				
		3	5			8		
2	3	8			5			7
						5		
6				2				

2	6							
					7	3	4	
		1				8		7
			9		2			5
1				3				6
6					5			
4		2				1		
	1	5	8					
	8						9	3

	6						7	4
		4		9		3		
					8			1
						5		
	2		5	1	6		4	
		5		3				
8			6		3			
		1		4		2		
2	4						3	

32

				5		7	4	
5	8							2
		4						9
	7		6		5	4		
	1		3		4		5	
		5	1					
1						2		
7							6	8
	9	2		8				

33

1						9		5
				9		4		
	5		6		7	3		
			9				1	
	4	1		8		7	5	
	8							
		5	3		1		6	
		2		6				
6		3						9

34

		6	1	4		5		
4							7	9
			7	1	9		2	
		7				6		
	5		4		8			
				2				
7						1		2
		8		3		7		

		8	7			2		
2		6	8			9		
							3	
	9		6		3		8	
8	3						2	7
	6		2		5		4	
	8							
		3			8	1		2
		1			6	8		

1						8		
9	6			2			5	
7			5		6			
			6	5		3		
	1			8			7	
		6		9	4			
			4		3			6
	7			6			3	9
		5						8

3			7					
	8		1			7		
	5	2						
			9					6
8	6						1	9
2			5		8			
		1				2	6	4
					6		8	
				3			5	

38

9						6		
					1			8
			5	6	3			7
						2		
	3		2		4		7	
	5	7						6
4			1	8	2			
7			4		5			
		5						1

39

4			2					9
	5	7				1		
		5		6			9	4
9			4					8
1				9		5		7
		6				7	3	
3			8		2			

40

			3		6			
3	6	5		8			4	
	1						9	
7	5			6		8		
		8				4		
		9		3			5	6
	2						1	
	7			4		9	6	8
			7		1			

	1	3						
			4		6		8	
				7				
		1	7		8	2		
		4		9		8		
		9	5			1		
				5				
	8		1		3	9		
		7				3	4	

42

	9						4	
	2	3	4		9		7	
		4	1		6			8
9		1						
2						1		7
3			8			5		
			9		4	3		
	6						9	

43

8		4			3	5	7	
				5				
2				4			3	
1								9
	6	7				8		
3								6
	4			1				3
6				8				
		3	4					2

44

			1					
		4		9	5	6		
	5		4					
	7						1	5
2								9
9	6						2	
			3		4		8	
	4	3	6	1		9		
					8			7

	3					4	9	
7				2	6			8
		6				5		
					1	9		
	7						4	
4			9					7
		1				7		
8			4					1
	2	5					8	

46

	2						7	
			8				2	
		9	1		7	5		
3		2	6				9	8
9					4	7		5
	1	4	9		5	6		
	9				6			
	5						1	

	2			3	8			5
			1					7	9
	4	5				2		6
			7		4			
	9	3				7	4	
6	3				9			
9			3	4			2	
				5				

48

3								2
					7	5		1
		1		5	6	8		
1							4	
	2			9		1		
	3							5
		7	9	2		4		
8		9	7					
2								6

49

	1			5			7	
			7					4
			1		8	9	5	
	8	1				3		7
4								9
2		7				5	4	
	9	8	6		4			
7					2			
	2			9			1	

50

	3		7		1		5	
7			3			8	1	2
2			9		4		8	
		5				7		
	7		1		6			3
6	1	7			9			4
	5		6		7		3	

		4		8				
	6		3				7	
	5		1		4			9
						8	1	
7			4	1	6			3
	3	5						
5			9		1		6	
	8				7		5	
			6		2			

52

	3	5	9					
				8				
9		7	5		6			
	2	4		6		8		
	5	6				3	7	
		8				6	1	
			4		2	5		8
				7				
					9	7	3	

53

6		7		4			5	
	8						2	
			7	2	1			
					1	3	9	
2			5		9			4
	9	8	4					
		4	7	2				
	6						8	
				1		5		3

54

9			2					
	5	7	9			6	1	
6			8	1				
	6							4
		1				3		
4							5	
			6	8	2			9
	3				1	2	8	
					3			5

				4			5	7
2								
		6	5			2	1	
3				7				1
5	7		9		1		6	8
1				6				4
	8	2			4	1		
								6
4	5			1				

56

		6				1	9	
		8		2		5		
7			5				8	
9					6		4	
				7				
	7		8					1
	5				3			8
		2		4		7		
	6	9		7		4		

		9	3		1	4		
				4				6
		1				9		7
	1	4				8		3
2								5
9		7				1	6	
7		5				6		
3				8				
		6	4		7			

			5		6		7	
	6					2		
				3			8	
		6		5				8
	4		7		9		5	
8						1		
	1			6				
	3	9					4	
	7		1		3			

	5						6	
9		1	5					4
	4							8
		2	4			7		9
				7				
8		9			1	6		
6							7	
				2		4		3
	1						8	

60

3					4			
			9			3	4	
5		7		6				
6			2	9				4
1				5	8			9
		1		2		9		7
	7	2						
			4					5

	7	3				8		
9							3	
		4	5		3	2	9	
		9		7			8	
			6		5			
	8			2		5		
	4	1	9		7	6		
	9							1
		6				7	4	

62

								9
2	5						6	
	3	9	7				1	
	8	5			9			
	7		2		1		5	
			8			7	9	
	6			4	3	2	7	
	2						3	1
3								

		3			2	8	5	
			3	6				
		9				4		
9						2		3
	5		1		9		4	
		8						1
		2				6		
				9	5			
	8	1	2					

64

9								1
		1				3		
	6			9	1		7	2
1			9		5	4	6	
	4	6	7		3			5
5	8		2	7			4	
		7				5		
6								7

			5		9	4		
1	8		7					6
					4			7
	4						5	8
				4				
9	2						1	
2			3					
6		5						
		7	9		6			

6	8							5
1								3
		7		6		2		
		5	8	2			9	
			3				4	
	2			9	4	3		
		1		7		8		
8								7
5							3	

							3	
			1			4		8
		6	3	4		5		
	9			7				1
	8	4					9	
1				5				
			1	5	3			
7		1		9				
	6						8	

	2							
7	6				9			5
4	8					2		3
				4				9
		2	8		1	3		
8								
1		3						7
			7	5				4
							6	

69

9		8						5
				3		9		
			5		6	3		
8			4					
	1	7		5		6	2	
	2				8			9
		6	7		3			
		5		1				
3						2		4

70

4		2						
	6	9	4		7			
	1		6	3		4		8
			8	6				
						3		
				4	9			
9		1			5		2	
			7		6	5	8	
						9		7

	3		1		4		5	
		2	5			4		
				9				3
		5		3			9	
8			2		7			4
	6			5		8		
3				1				
		6			5	9		
	1		6		9		2	

8			9		7			
			2					6
	1					9	5	
5	3		8					1
		1		3		5		
6					1		9	3
	2	7					1	
9					2			
			6		9			7

9			6					2
3		7		2	4	5		
				1				
	5						1	6
		3				7		
6	9						2	
	3			5				
		9	7	6		8		4
5					8			9

74

9							3	
	1			5				
			1		6	5		
		9	3		1	6	8	
1	8						7	3
	5	6	2			1		
		8	6		9			
				7			6	
	9							7

			4	5	2			1
4		3				7		
			6					
	4	5	3				6	
		1				3		
	8				4	9	1	
					9			
		8		4		2		
			5	7	6			

76

4	6			8			5	
		3	4					
1		8			7	4		
	4			2				1
5								9
3				7			8	
		1	7			8		6
					8	1		
	3			1			9	2

9	4					2	6	
							1	
			8	6	5			
		7	5					
6	5			9		7		2
					6	3		
			3	5	8			
	8							
	3	1					9	4

78

	1		3				4	
				2		9		
6		2				5		
	4							1
			5	8	4			
9							2	
	7	6				3		4
		1		6				5
	9				8		6	

5		6						
		3	7		4			
	8		9				5	
		2		9	8			
8			1					4
			4	2		5		
	9				6		1	
	6		5		2	8		
						7		5

80

	4		5					
		9	8		2	4		
	3						1	9
2		3						
9			3	4	6			7
						3		5
1	8						6	
		6			9	5		
					4		3	

2	9					4		5
			4		2			
				5				2
5	2		6				7	
	8		5		3		4	
	4				9		1	8
4				6				
			7		4			
7		5					3	

82

3		9				4		
		2		1		8		
	1		3	8				
6			2		8		4	
	5		9		4			7
	6			3	7		1	
		8		9				
		5				7		9

7	4							3
		6		3	8		9	2
							4	
	9		7		5			
		7		2		6		
			9		3		2	
	6							
9	2		6	4		3		
8							5	6

84

6		9	1		5	4		
		5		2		8		
			8	9				
				8				5
		2				9	1	
9				5				
				6	8			
		4		7		2		
		7	5		4	6		9

				8				
			2	7	3		4	
7	2							8
9					1			2
4	8			5			9	7
6			9					5
2							5	4
	5		7	1	4			
				3				

86

2		8	4					1
		3		7				2
		5						
4			8				2	
		6				9		
	9				5			3
						1		
8				1				
		1	3		2	5		8

		3	8					
		4					7	8
2	6				3		5	
6			7		9			
				1				2
			3		6			9
	5		4				1	6
	8							
					2			

88

				5		8		
	9				1		5	7
				9			4	
6			2				1	
	1						8	
	8				7			5
	4					1		
3	5		4	1			7	
		6		8				

89

4				3				
			9		8	5		
				4			3	
	2	3			9			
	6		8		2		4	
	9		5			8	1	
	5			9				
		6	7		4			
9				5				6

90

			5	6				
	9	6	3				2	5
					4			
		7	9		1	4		
	8						3	7
		3			6	9		
			6					
	2				3	5	8	
				1	9			

91

						9	4	3
9	4			7	3			5
8								
3			1					
			4		6		5	
					9			4
								7
6	7		5	8			2	
1	5	9						

92

		6		1		7		
	3	1			5			
	5		7		9			
6	8		5			3		
		5				9		
		9			6		7	2
			1		3		6	
			4			1	9	
		8		6		4		

93

			6		7			
	4						3	
		9		3	8		6	
4		6			1			3
				2		9		
1			4					5
	1		3	7		8		
	5						4	
			5		9			

94

		2	5			4		3
5		7	6					8
		9			6		4	
		3			2		1	
	5		4			3		
7					9	2		4
6		5			8	1		

	8					5	6	
			4	2			1	
9			5					4
					9	2		
5				7				6
		4	1					
1					5			7
	2			1	4			
	5	3					2	

96

	9	2				1	6	
			1	9			3	
			2	4				
6							9	1
		9	7		5	4		
2	4							8
					1			
	2			5	9			
	3	8				9	4	

	1				6		5	4
4	7							
				8	2			
		1				2	7	
2			6		3			1
	3	5				9		
			8		4			
							1	
6	5		1					

98

			8		9			1
6	3				7	2		
	8							
				6				9
			2		3	8		
5				7				
							8	
		1	7	9			2	5
4			1		5			

	6		7				5	8
				4				
	2				3			
			5		2	9	8	
				6				
	7	6	4		9			
		1	9				6	
				3				
6	5				7		9	2

100

	2					9		
		3	9		8		2	
	1		3	5	2			
5		6						
			4	8	6			
						1		7
			2	9	4		5	
	5		8		1	4		
		4					8	

	5						1	
8		6		2				
		4	8		3	2		
	6	7	3					5
		1				4		
5					1	7		
		2	6		5	8		
				4		6		2
	8						7	

102

			8	9		2		
	5			3			9	
								4
3			5	1				8
6		4				1		3
5				6	8			7
1								
	6	5		2			1	
		7		8	9			

9		5		7		3		4
8						7		1
		3	9					
				5				2
			3		7			
5				1				
					6	1		
7		2	1					3
1				4		6		7

104

6	2	9						1
				3		5		
5							7	2
	9		8					5
		1	4		9	8		
3					7		9	
4								
		5		6				
8						2	5	3

2								8
		9	2		3	1	7	
							9	
	4				2			7
3		6		7		4		2
9			3				5	
	3							
	8	4	5		1			
5								6

						4		
	6			4				
1		9	3					6
7							6	
	1		6	7	8		2	
	3							4
5				8	9	3		2
				2			4	
		1						5

107

			6		7			4
		7	1		4		6	2
		5	7				9	
7	8		9		1		2	5
	9				2	8		
2	1		8		9	3		
9			2		5			

108

		9				1	4	
	3	5						
			2		7			
6	4	7		5			3	
				6				
	9					4	7	6
			3		8			
			4			9	8	
	1	8				6		

109

			2		5		4	
					9		3	
2		4				9		1
		6		8				
		8	9		4	5		
				5		2		
9		1		4		6		3
	8		3					
	7		5		6			

110

			7	1	2			9
	5	6		8				1
							7	
					5			
9		3				7		5
			6					
	3	7						
6				5		9	1	
5			4	2	1			

		8		9	4			
3		1		8				2
	2						5	
				5	7	1		
							6	8
		9	1	4				
							4	
5				1				3
			4	2		7		

	9		2	4				1
	2			6				
6		4		8	9			5
2							1	
			8					
	5							2
9			4	1		7		8
				9			6	
3					5		4	

	1		6		5			
8								7
7		5			2	6		
	8						2	6
				8				
1	9						4	
		6	5					2
5	3							9
			9		1		3	

	3	1	7	8				
						3		
9	7		2					
2		3				7	1	4
	1							
5	9	4				8		3
					4		8	9
		9						
				7	6	4	2	

	9						4	
					2		6	1
2			5	1				
1				8				3
		5						
4				3				9
				9	8			5
3			2				8	
	6						7	

116

					1			
1				3	6			2
7	4	8	9			3		6
		3					8	
	1						6	
	5					7		
4					7	5	2	9
6			4	9				8
			1					

				4		5	3	
		3	9		1		8	
								9
4				9		6		5
				1				
8		1		7				
	2		8		5	4		
	4	9		6		3		

			5					
9					3	7		8
3				7				
	2		8		6		1	
		6				9		
	9		4		5		6	
1				2				4
6		2	7					1
					8			

9		1						
				2		7	6	
					6			
8					7		4	2
	7			8		5		
2			4					1
			8	1				
	5	8		3				
						2		6

120

			9	8	1		6	
		5		7				
9		4						2
	7			9		6		
8							9	1
				2			5	
1						3		9
						7		
	4		8		6			

121

	8				3			
		2	8			5		9
		5	9		6			
7								6
	9	3				2	1	
5								3
		9	5		7	8		
4		7			9			
			1				3	

122

	9		5				1	
	5							8
		3	1	2			5	
			6		4	5		
5								7
		7	9		2			
	8			3		1		
6						4	7	
	3				1		6	

123

	2			9				
	3				1		8	9
6						7		
			7					
	7	5	3		4	8	9	
				6				
		1				3		8
3	4		2				7	1
				3			2	

124

	7					5		
2				1	6			7
			3		7			
	4				1		7	
	8	1				2	5	
	2		6					
			5		4	6		
4			7	8				1
		8					4	

					5			
	7			4			6	8
	4					7		3
			6	7	4			5
5								4
8			2	5	9			
7		6					8	
1	5			8			2	
			1		7			

126

			2		7			9
	5	9						
1				5	8			
	7	6						3
	9						2	
4						6	5	
			7					1
		1				8	4	
3			4		6			5

	3		7					
	1			2	8			
		7			6	9		
	5			1		6		
6	8						2	1
		2		7			8	
		8	2			3		
			3	5			6	
					4			

128

								1
		7				2	3	
			3	5	9			6
		9	2	6		4		
		4				3		
5		1		9				
6			9	4	1			
	1	5				8		
2								

129

			9		5			
			6			1		2
5		8						4
4	7	2						
		5						
	8					9	7	5
9				7		4		3
		6			3			
			4		8			

130

	2				4	9		
3			1			5	4	
	7			4	9		2	
1			6					3
			2	1			8	
	3	6			5	4		
		7	9				6	

131

6	2			1			3	
	7		5			9	4	
			2					
	3	8				4		
		6				8	7	
					2			
	1	7			8		9	
	4			3		5		6

132

The Solutions

1

8	7	1	3	2	4	9	6	5
6	4	2	7	9	5	8	3	1
9	3	5	8	6	1	4	7	2
4	9	8	5	7	6	2	1	3
5	1	6	9	3	2	7	8	4
3	2	7	4	1	8	5	9	6
7	5	4	1	8	3	6	2	9
1	6	9	2	5	7	3	4	8
2	8	3	6	4	9	1	5	7

2

4	6	3	8	9	7	1	2	5
8	1	7	3	2	5	4	6	9
5	9	2	1	6	4	3	7	8
1	3	8	6	4	9	2	5	7
2	4	9	7	5	8	6	3	1
7	5	6	2	1	3	9	8	4
9	8	5	4	3	6	7	1	2
6	2	4	5	7	1	8	9	3
3	7	1	9	8	2	5	4	6

3

3	7	8	4	9	1	6	5	2
4	2	9	7	5	6	3	1	8
6	5	1	3	2	8	7	9	4
5	1	3	6	4	9	2	8	7
9	8	4	2	3	7	1	6	5
2	6	7	1	8	5	4	3	9
7	3	5	8	1	2	9	4	6
1	9	6	5	7	4	8	2	3
8	4	2	9	6	3	5	7	1

4

8	3	1	5	7	4	9	6	2
2	7	6	9	8	1	3	5	4
5	9	4	2	3	6	8	1	7
3	5	8	4	1	2	6	7	9
6	4	2	7	9	5	1	8	3
7	1	9	8	6	3	4	2	5
1	6	7	3	2	9	5	4	8
4	2	3	6	5	8	7	9	1
9	8	5	1	4	7	2	3	6

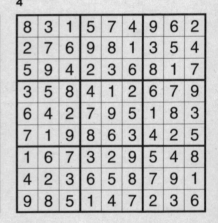

5

2	8	6	5	3	4	7	1	9
4	1	3	9	8	7	6	5	2
7	5	9	1	2	6	3	4	8
5	7	8	2	6	1	4	9	3
9	6	4	7	5	3	2	8	1
1	3	2	8	4	9	5	7	6
8	2	1	6	7	5	9	3	4
6	4	5	3	9	8	1	2	7
3	9	7	4	1	2	8	6	5

6

5	9	7	4	3	6	8	1	2
8	4	3	2	5	1	6	7	9
6	2	1	7	9	8	4	5	3
4	5	2	3	7	9	1	8	6
9	3	8	1	6	5	2	4	7
7	1	6	8	2	4	3	9	5
3	7	4	9	8	2	5	6	1
1	6	9	5	4	3	7	2	8
2	8	5	6	1	7	9	3	4

7

4	9	2	1	3	5	6	7	8
7	5	3	4	8	6	1	2	9
6	8	1	7	9	2	3	4	5
2	4	7	9	6	3	5	8	1
8	1	6	5	2	7	9	3	4
5	3	9	8	1	4	7	6	2
1	2	5	3	7	8	4	9	6
3	6	4	2	5	9	8	1	7
9	7	8	6	4	1	2	5	3

8

8	2	4	1	9	5	7	3	6
9	3	1	6	7	8	5	4	2
5	7	6	2	3	4	1	8	9
4	8	9	7	6	3	2	5	1
2	1	3	5	4	9	8	6	7
7	6	5	8	1	2	4	9	3
3	4	2	9	5	1	6	7	8
1	9	7	4	8	6	3	2	5
6	5	8	3	2	7	9	1	4

9

1	5	7	4	8	2	3	9	6
2	4	6	7	9	3	5	1	8
3	9	8	6	5	1	2	4	7
6	1	5	2	7	4	9	8	3
4	7	3	9	6	8	1	2	5
9	8	2	1	3	5	6	7	4
8	3	9	5	2	7	4	6	1
7	6	1	3	4	9	8	5	2
5	2	4	8	1	6	7	3	9

10

7	8	6	1	3	2	4	5	9
3	2	5	7	4	9	8	1	6
9	4	1	5	6	8	2	7	3
6	9	3	8	5	7	1	2	4
2	7	4	9	1	6	5	3	8
5	1	8	4	2	3	6	9	7
8	5	9	6	7	1	3	4	2
4	6	2	3	9	5	7	8	1
1	3	7	2	8	4	9	6	5

11

1	9	8	3	2	4	5	6	7
2	3	7	1	5	6	9	8	4
6	4	5	9	7	8	2	1	3
4	7	6	5	3	1	8	9	2
9	8	2	4	6	7	1	3	5
3	5	1	2	8	9	4	7	6
7	2	4	8	9	3	6	5	1
5	6	9	7	1	2	3	4	8
8	1	3	6	4	5	7	2	9

12

9	5	3	6	1	7	2	8	4
6	2	7	4	5	8	3	1	9
1	4	8	3	2	9	6	7	5
4	3	2	7	8	1	5	9	6
5	7	1	9	6	2	8	4	3
8	6	9	5	4	3	1	2	7
2	9	6	8	7	5	4	3	1
7	1	5	2	3	4	9	6	8
3	8	4	1	9	6	7	5	2

13

5	2	7	4	6	1	9	8	3
8	3	1	9	7	2	6	5	4
4	9	6	3	8	5	2	1	7
7	4	3	5	2	6	1	9	8
6	1	8	7	9	3	4	2	5
9	5	2	1	4	8	7	3	6
2	7	9	8	5	4	3	6	1
3	8	4	6	1	9	5	7	2
1	6	5	2	3	7	8	4	9

14

6	3	2	9	8	4	1	5	7
1	9	7	6	5	2	4	3	8
4	8	5	3	7	1	6	9	2
9	6	8	4	3	7	2	1	5
7	5	4	2	1	8	9	6	3
3	2	1	5	6	9	8	7	4
5	7	9	8	4	6	3	2	1
8	1	6	7	2	3	5	4	9
2	4	3	1	9	5	7	8	6

15

3	4	1	2	5	9	7	6	8
6	2	8	1	7	3	4	5	9
9	7	5	4	6	8	2	3	1
4	1	3	9	8	2	6	7	5
5	8	2	7	3	6	9	1	4
7	9	6	5	4	1	3	8	2
1	6	4	3	9	5	8	2	7
2	3	9	8	1	7	5	4	6
8	5	7	6	2	4	1	9	3

16

2	7	6	9	1	4	3	8	5
4	1	8	6	5	3	7	9	2
5	3	9	7	8	2	6	4	1
3	2	5	1	9	8	4	6	7
1	8	7	2	4	6	5	3	9
6	9	4	3	7	5	1	2	8
8	6	1	4	2	7	9	5	3
7	4	2	5	3	9	8	1	6
9	5	3	8	6	1	2	7	4

17

9	2	7	1	3	4	5	8	6
1	5	8	6	7	2	3	4	9
3	6	4	5	8	9	2	7	1
4	8	2	3	5	6	1	9	7
7	3	9	2	4	1	8	6	5
5	1	6	8	9	7	4	2	3
6	4	3	7	2	5	9	1	8
8	9	1	4	6	3	7	5	2
2	7	5	9	1	8	6	3	4

18

3	9	6	4	2	8	1	7	5
1	5	2	9	3	7	6	8	4
8	4	7	1	6	5	9	2	3
7	6	8	5	4	2	3	9	1
2	1	4	3	7	9	8	5	6
9	3	5	8	1	6	2	4	7
5	7	1	2	9	3	4	6	8
6	2	3	7	8	4	5	1	9
4	8	9	6	5	1	7	3	2

19

9	5	6	4	1	3	2	8	7
4	8	1	7	5	2	3	9	6
3	7	2	8	6	9	5	4	1
6	3	4	2	8	1	7	5	9
7	2	5	6	9	4	1	3	8
1	9	8	3	7	5	6	2	4
8	1	3	9	2	6	4	7	5
2	6	9	5	4	7	8	1	3
5	4	7	1	3	8	9	6	2

20

8	7	3	5	6	2	4	1	9
9	1	6	7	4	8	3	2	5
5	4	2	1	3	9	7	8	6
3	8	4	6	2	5	1	9	7
7	2	1	3	9	4	6	5	8
6	5	9	8	1	7	2	3	4
4	9	5	2	7	1	8	6	3
1	6	8	4	5	3	9	7	2
2	3	7	9	8	6	5	4	1

21

4	5	2	3	8	6	7	1	9
1	7	3	2	9	5	6	8	4
8	9	6	1	4	7	3	5	2
6	3	8	7	5	2	9	4	1
2	1	9	8	3	4	5	7	6
7	4	5	6	1	9	2	3	8
5	2	1	4	6	3	8	9	7
3	6	4	9	7	8	1	2	5
9	8	7	5	2	1	4	6	3

22

2	6	9	5	7	3	4	8	1
3	8	7	2	4	1	5	9	6
4	1	5	8	9	6	3	2	7
5	3	1	4	6	8	2	7	9
7	9	8	3	5	2	6	1	4
6	2	4	7	1	9	8	3	5
8	7	6	1	3	5	9	4	2
9	4	3	6	2	7	1	5	8
1	5	2	9	8	4	7	6	3

23

6	9	3	7	5	2	8	4	1
1	5	7	3	8	4	6	2	9
2	8	4	6	9	1	7	5	3
8	4	9	5	2	7	1	3	6
7	1	5	8	3	6	2	9	4
3	6	2	1	4	9	5	8	7
9	7	8	4	1	5	3	6	2
5	2	6	9	7	3	4	1	8
4	3	1	2	6	8	9	7	5

24

1	4	6	5	8	7	3	2	9
8	5	2	6	3	9	1	4	7
7	9	3	4	2	1	5	6	8
3	8	9	1	6	2	4	7	5
5	7	4	3	9	8	2	1	6
2	6	1	7	5	4	8	9	3
6	2	7	8	4	5	9	3	1
9	1	8	2	7	3	6	5	4
4	3	5	9	1	6	7	8	2

25

9	6	8	1	5	2	3	7	4
4	7	1	3	8	6	5	9	2
5	3	2	7	4	9	6	1	8
8	2	9	6	7	3	1	4	5
7	4	6	5	2	1	8	3	9
3	1	5	4	9	8	2	6	7
6	5	7	8	3	4	9	2	1
2	8	3	9	1	7	4	5	6
1	9	4	2	6	5	7	8	3

26

7	5	2	4	3	8	6	9	1
6	8	9	2	1	7	5	3	4
1	3	4	5	9	6	7	8	2
5	9	3	8	6	2	4	1	7
2	1	8	9	7	4	3	6	5
4	6	7	3	5	1	8	2	9
9	2	5	7	8	3	1	4	6
3	7	6	1	4	9	2	5	8
8	4	1	6	2	5	9	7	3

27

8	4	6	7	5	2	3	9	1
5	1	2	8	9	3	6	4	7
7	9	3	6	4	1	8	2	5
1	8	9	3	2	5	7	6	4
3	2	4	9	6	7	1	5	8
6	7	5	1	8	4	2	3	9
9	3	8	5	7	6	4	1	2
4	5	1	2	3	8	9	7	6
2	6	7	4	1	9	5	8	3

28

2	1	8	9	6	7	3	5	4
4	3	7	5	2	8	6	9	1
9	5	6	1	4	3	8	2	7
3	4	2	8	5	6	7	1	9
1	7	5	3	9	2	4	8	6
6	8	9	4	7	1	2	3	5
8	9	1	6	3	4	5	7	2
7	6	3	2	1	5	9	4	8
5	2	4	7	8	9	1	6	3

29

8	2	1	4	7	6	3	9	5
6	7	9	3	5	2	8	1	4
3	4	5	9	8	1	6	7	2
2	1	8	5	6	4	7	3	9
5	3	6	2	9	7	4	8	1
7	9	4	8	1	3	2	5	6
1	5	7	6	4	8	9	2	3
4	8	3	1	2	9	5	6	7
9	6	2	7	3	5	1	4	8

30

4	8	6	7	5	1	2	9	3
3	5	9	4	6	2	7	1	8
1	7	2	9	8	3	4	6	5
8	6	7	2	3	4	9	5	1
5	2	4	8	1	9	3	7	6
9	1	3	5	7	6	8	2	4
2	3	8	1	9	5	6	4	7
7	9	1	6	4	8	5	3	2
6	4	5	3	2	7	1	8	9

31

2	6	7	3	4	8	9	5	1
5	9	8	6	1	7	3	4	2
3	4	1	2	5	9	8	6	7
8	7	3	9	6	2	4	1	5
1	5	9	7	3	4	2	8	6
6	2	4	1	8	5	7	3	9
4	3	2	5	9	6	1	7	8
9	1	5	8	7	3	6	2	4
7	8	6	4	2	1	5	9	3

32

9	6	2	3	5	1	8	7	4
1	8	4	2	9	7	3	5	6
5	7	3	4	6	8	9	2	1
4	1	6	9	7	2	5	8	3
3	2	8	5	1	6	7	4	9
7	9	5	8	3	4	1	6	2
8	5	9	6	2	3	4	1	7
6	3	1	7	4	5	2	9	8
2	4	7	1	8	9	6	3	5

33

9	2	1	8	5	6	7	4	3
5	8	7	4	3	9	6	1	2
3	6	4	2	1	7	5	8	9
8	7	9	6	2	5	4	3	1
2	1	6	3	9	4	8	5	7
4	3	5	1	7	8	9	2	6
1	4	8	7	6	3	2	9	5
7	5	3	9	4	2	1	6	8
6	9	2	5	8	1	3	7	4

34

1	6	4	8	3	2	9	7	5
7	3	8	1	9	5	4	2	6
2	5	9	6	4	7	3	8	1
3	2	7	9	5	4	6	1	8
9	4	1	2	8	6	7	5	3
5	8	6	7	1	3	2	9	4
4	9	5	3	7	1	8	6	2
8	1	2	4	6	9	5	3	7
6	7	3	5	2	8	1	4	9

35

9	7	6	1	4	2	5	8	3
4	1	5	3	8	6	2	7	9
3	8	2	9	7	5	4	1	6
6	3	4	7	1	9	8	2	5
8	9	7	2	5	3	6	4	1
2	5	1	4	6	8	9	3	7
1	4	9	5	2	7	3	6	8
7	6	3	8	9	4	1	5	2
5	2	8	6	3	1	7	9	4

36

3	5	8	7	9	4	2	1	6
2	7	6	8	3	1	9	5	4
9	1	4	5	6	2	7	3	8
4	9	2	6	7	3	5	8	1
8	3	5	4	1	9	6	2	7
1	6	7	2	8	5	3	4	9
5	8	9	1	2	7	4	6	3
6	4	3	9	5	8	1	7	2
7	2	1	3	4	6	8	9	5

37

1	5	2	9	4	7	8	6	3
9	6	3	1	2	8	4	5	7
7	8	4	5	3	6	9	2	1
8	4	7	6	5	1	3	9	2
5	1	9	3	8	2	6	7	4
3	2	6	7	9	4	1	8	5
2	9	8	4	7	3	5	1	6
4	7	1	8	6	5	2	3	9
6	3	5	2	1	9	7	4	8

38

1	3	4	8	7	2	6	9	5
9	8	6	1	5	3	7	4	2
7	5	2	6	4	9	1	3	8
5	4	3	9	1	7	8	2	6
8	6	7	3	2	4	5	1	9
2	1	9	5	6	8	4	7	3
3	9	1	7	8	5	2	6	4
4	7	5	2	9	6	3	8	1
6	2	8	4	3	1	9	5	7

39

9	1	3	8	2	7	6	5	4
5	7	6	9	4	1	3	2	8
8	4	2	5	6	3	1	9	7
1	9	4	7	5	6	2	8	3
6	3	8	2	1	4	5	7	9
2	5	7	3	9	8	4	1	6
4	6	9	1	8	2	7	3	5
7	8	1	4	3	5	9	6	2
3	2	5	6	7	9	8	4	1

40

4	3	1	2	5	7	8	6	9
6	9	8	1	4	3	2	7	5
2	5	7	6	8	9	1	4	3
8	2	5	7	6	1	3	9	4
9	7	3	4	2	5	6	1	8
1	6	4	3	9	8	5	2	7
5	8	6	9	1	4	7	3	2
7	4	2	5	3	6	9	8	1
3	1	9	8	7	2	4	5	6

41

2	9	4	3	7	6	1	8	5
3	6	5	1	8	9	7	4	2
8	1	7	4	2	5	6	9	3
7	5	2	9	6	4	8	3	1
6	3	8	5	1	2	4	7	9
1	4	9	8	3	7	2	5	6
4	2	3	6	9	8	5	1	7
5	7	1	2	4	3	9	6	8
9	8	6	7	5	1	3	2	4

42

7	1	3	2	8	5	4	6	9
9	2	5	4	1	6	7	8	3
4	6	8	3	7	9	5	2	1
6	5	1	7	3	8	2	9	4
2	3	4	6	9	1	8	5	7
8	7	9	5	2	4	1	3	6
3	4	2	9	5	7	6	1	8
5	8	6	1	4	3	9	7	2
1	9	7	8	6	2	3	4	5

43

8	9	6	7	3	5	2	4	1
1	2	3	4	8	9	6	7	5
7	5	4	1	2	6	9	3	8
9	8	1	6	5	7	4	2	3
6	3	7	2	4	1	8	5	9
2	4	5	3	9	8	1	6	7
3	7	9	8	6	2	5	1	4
5	1	2	9	7	4	3	8	6
4	6	8	5	1	3	7	9	2

44

8	9	4	2	6	3	5	7	1
7	3	1	8	5	9	2	6	4
2	5	6	1	4	7	9	3	8
1	2	5	6	7	8	3	4	9
4	6	7	9	3	1	8	2	5
3	8	9	5	2	4	7	1	6
9	4	8	7	1	2	6	5	3
6	1	2	3	8	5	4	9	7
5	7	3	4	9	6	1	8	2

45

6	8	9	1	7	2	5	4	3
3	2	4	8	9	5	6	7	1
1	5	7	4	3	6	2	9	8
4	7	8	2	6	9	3	1	5
2	3	5	7	4	1	8	6	9
9	6	1	5	8	3	7	2	4
7	9	2	3	5	4	1	8	6
8	4	3	6	1	7	9	5	2
5	1	6	9	2	8	4	3	7

46

5	3	2	8	1	7	4	9	6
7	9	4	5	2	6	3	1	8
1	8	6	3	9	4	5	7	2
2	5	8	7	4	1	9	6	3
6	7	9	2	3	8	1	4	5
4	1	3	9	6	5	8	2	7
3	4	1	6	8	2	7	5	9
8	6	7	4	5	9	2	3	1
9	2	5	1	7	3	6	8	4

47

1	2	6	5	4	3	8	7	9
5	4	7	8	6	9	3	2	1
8	3	9	1	2	7	5	4	6
3	7	2	6	5	1	4	9	8
4	6	5	7	9	8	1	3	2
9	8	1	2	3	4	7	6	5
2	1	4	9	7	5	6	8	3
7	9	8	3	1	6	2	5	4
6	5	3	4	8	2	9	1	7

48

5	1	9	4	7	6	3	8	2
4	2	7	9	3	8	1	6	5
3	8	6	1	2	5	4	7	9
7	4	5	8	1	3	2	9	6
1	6	2	7	9	4	8	5	3
8	9	3	5	6	2	7	4	1
6	3	4	2	8	9	5	1	7
9	5	1	3	4	7	6	2	8
2	7	8	6	5	1	9	3	4

49

3	5	4	8	1	9	7	6	2
6	8	2	4	3	7	5	9	1
7	9	1	2	5	6	8	3	4
1	7	5	6	8	2	3	4	9
4	2	6	3	9	5	1	8	7
9	3	8	1	7	4	6	2	5
5	6	7	9	2	3	4	1	8
8	4	9	7	6	1	2	5	3
2	1	3	5	4	8	9	7	6

50

6	1	9	4	5	3	8	7	2
8	5	2	7	6	9	1	3	4
3	7	4	1	2	8	9	5	6
9	8	1	2	4	5	3	6	7
4	6	5	3	7	1	2	8	9
2	3	7	9	8	6	5	4	1
1	9	8	6	3	4	7	2	5
7	4	3	5	1	2	6	9	8
5	2	6	8	9	7	4	1	3

51

8	3	6	7	2	1	4	5	9
7	9	4	3	6	5	8	1	2
5	2	1	4	9	8	3	6	7
2	6	3	9	7	4	1	8	5
1	4	5	2	8	3	7	9	6
9	7	8	1	5	6	2	4	3
3	8	9	5	4	2	6	7	1
6	1	7	8	3	9	5	2	4
4	5	2	6	1	7	9	3	8

52

9	7	4	6	8	2	1	3	5
8	6	1	3	5	9	4	7	2
2	5	3	1	7	4	6	8	9
4	2	6	5	9	3	8	1	7
7	9	8	4	1	6	5	2	3
1	3	5	7	2	8	9	4	6
5	4	2	9	3	1	7	6	8
6	8	9	2	4	7	3	5	1
3	1	7	8	6	5	2	9	4

53

8	3	5	9	4	1	2	6	7
2	6	1	7	8	3	9	4	5
9	4	7	5	2	6	1	8	3
3	2	4	1	6	7	8	5	9
1	5	6	8	9	4	3	7	2
7	9	8	2	3	5	6	1	4
6	7	3	4	1	2	5	9	8
5	1	9	3	7	8	4	2	6
4	8	2	6	5	9	7	3	1

54

6	2	7	1	4	3	9	5	8
3	8	1	9	5	6	4	2	7
4	5	9	8	7	2	1	3	6
7	4	6	2	8	1	3	9	5
2	1	3	5	6	9	8	7	4
5	9	8	4	3	7	2	6	1
8	3	4	7	2	5	6	1	9
1	6	5	3	9	4	7	8	2
9	7	2	6	1	8	5	4	3

55

9	1	3	2	5	6	4	7	8
8	5	7	9	3	4	6	1	2
6	2	4	8	1	7	5	9	3
3	6	8	1	7	5	9	2	4
5	9	1	4	2	8	3	6	7
4	7	2	3	6	9	8	5	1
1	4	5	6	8	2	7	3	9
7	3	9	5	4	1	2	8	6
2	8	6	7	9	3	1	4	5

56

8	9	3	1	4	2	6	5	7
2	1	5	6	3	7	4	8	9
7	4	6	5	8	9	2	1	3
3	6	8	4	7	5	9	2	1
5	7	4	9	2	1	3	6	8
1	2	9	8	6	3	5	7	4
6	8	2	7	9	4	1	3	5
9	3	1	2	5	8	7	4	6
4	5	7	3	1	6	8	9	2

57

5	2	6	7	8	4	1	9	3
3	9	8	6	2	1	5	7	4
7	4	1	5	3	9	6	8	2
9	8	5	3	1	6	2	4	7
2	1	3	4	5	7	8	6	9
6	7	4	8	9	2	3	5	1
4	5	7	1	6	3	9	2	8
8	3	2	9	4	5	7	1	6
1	6	9	2	7	8	4	3	5

58

6	2	9	3	7	1	4	5	8
8	7	3	9	4	5	2	1	6
4	5	1	8	6	2	9	3	7
5	1	4	7	9	6	8	2	3
2	6	8	1	3	4	7	9	5
9	3	7	5	2	8	1	6	4
7	8	5	2	1	3	6	4	9
3	4	2	6	8	9	5	7	1
1	9	6	4	5	7	3	8	2

59

9	8	2	5	1	6	3	7	4
4	6	3	8	9	7	2	1	5
1	5	7	4	3	2	9	8	6
7	2	6	3	5	1	4	9	8
3	4	1	7	8	9	6	5	2
8	9	5	6	2	4	1	3	7
5	1	4	9	6	8	7	2	3
6	3	9	2	7	5	8	4	1
2	7	8	1	4	3	5	6	9

60

2	5	3	8	4	9	1	6	7
9	8	1	5	6	7	3	2	4
7	4	6	2	1	3	5	9	8
1	3	2	4	8	6	7	5	9
4	6	5	9	7	2	8	3	1
8	7	9	3	5	1	6	4	2
6	2	8	1	3	4	9	7	5
5	9	7	6	2	8	4	1	3
3	1	4	7	9	5	2	8	6

61

3	9	6	1	8	4	5	7	2
2	1	8	9	7	5	3	4	6
5	4	7	3	6	2	1	9	8
6	8	5	2	9	3	7	1	4
7	2	9	6	4	1	8	5	3
1	3	4	7	5	8	6	2	9
4	5	1	8	2	6	9	3	7
8	7	2	5	3	9	4	6	1
9	6	3	4	1	7	2	8	5

62

6	7	3	4	9	2	8	1	5
9	2	5	7	1	8	4	3	6
8	1	4	5	6	3	2	9	7
5	6	9	3	7	4	1	8	2
1	3	2	6	8	5	9	7	4
4	8	7	1	2	9	5	6	3
3	4	1	9	5	7	6	2	8
7	9	8	2	4	6	3	5	1
2	5	6	8	3	1	7	4	9

63

7	1	6	3	2	8	5	4	9
2	5	8	1	9	4	3	6	7
4	3	9	7	5	6	8	1	2
6	8	5	4	7	9	1	2	3
9	7	3	2	6	1	4	5	8
1	4	2	8	3	5	7	9	6
8	6	1	9	4	3	2	7	5
5	2	4	6	8	7	9	3	1
3	9	7	5	1	2	6	8	4

64

1	4	3	9	7	2	8	5	6
8	7	5	3	6	4	1	2	9
6	2	9	5	8	1	4	3	7
9	1	7	4	5	8	2	6	3
2	5	6	1	3	9	7	4	8
4	3	8	6	2	7	5	9	1
5	9	2	7	1	3	6	8	4
7	6	4	8	9	5	3	1	2
3	8	1	2	4	6	9	7	5

65

9	3	8	4	2	7	6	5	1
7	2	1	5	6	8	3	9	4
4	6	5	3	9	1	8	7	2
1	7	2	9	8	5	4	6	3
3	5	9	6	4	2	7	1	8
8	4	6	7	1	3	9	2	5
5	8	3	2	7	6	1	4	9
2	9	7	1	3	4	5	8	6
6	1	4	8	5	9	2	3	7

66

3	7	2	5	6	9	4	8	1
1	8	4	7	3	2	5	9	6
5	6	9	8	1	4	3	2	7
7	4	6	1	9	3	2	5	8
8	5	1	2	4	7	9	6	3
9	2	3	6	8	5	7	1	4
2	9	8	3	7	1	6	4	5
6	3	5	4	2	8	1	7	9
4	1	7	9	5	6	8	3	2

67

6	8	4	2	3	1	9	7	5
1	9	2	7	4	5	6	8	3
3	5	7	9	6	8	2	1	4
4	3	5	8	2	7	1	9	6
9	1	8	3	5	6	7	4	2
7	2	6	1	9	4	3	5	8
2	4	1	5	7	3	8	6	9
8	6	3	4	1	9	5	2	7
5	7	9	6	8	2	4	3	1

68

4	1	8	5	6	2	9	3	7
2	5	3	1	9	7	4	6	8
9	7	6	3	4	8	5	1	2
3	9	5	8	7	4	6	2	1
6	8	4	2	3	1	7	9	5
1	2	7	9	5	6	8	4	3
8	4	2	6	1	5	3	7	9
7	3	1	4	8	9	2	5	6
5	6	9	7	2	3	1	8	4

69

3	2	9	5	8	4	6	7	1
7	6	1	3	2	9	4	8	5
4	8	5	6	1	7	2	9	3
5	3	7	2	4	6	8	1	9
9	4	2	8	7	1	3	5	6
8	1	6	9	3	5	7	4	2
1	5	3	4	6	8	9	2	7
6	9	8	7	5	2	1	3	4
2	7	4	1	9	3	5	6	8

70

9	3	8	2	7	1	4	6	5
6	5	2	8	3	4	9	1	7
1	7	4	5	9	6	3	8	2
8	6	9	4	2	7	1	5	3
4	1	7	3	5	9	6	2	8
5	2	3	1	6	8	7	4	9
2	8	6	7	4	3	5	9	1
7	4	5	9	1	2	8	3	6
3	9	1	6	8	5	2	7	4

71

4	3	2	9	1	8	7	6	5
8	6	9	4	5	7	2	1	3
7	1	5	6	3	2	4	9	8
2	4	7	8	6	3	1	5	9
6	9	8	5	7	1	3	4	2
1	5	3	2	4	9	8	7	6
9	7	1	3	8	5	6	2	4
3	2	4	7	9	6	5	8	1
5	8	6	1	2	4	9	3	7

72

9	3	8	1	2	4	6	5	7
6	7	2	5	8	3	4	1	9
1	5	4	7	9	6	2	8	3
7	2	5	4	3	8	1	9	6
8	9	1	2	6	7	5	3	4
4	6	3	9	5	1	8	7	2
3	4	9	8	1	2	7	6	5
2	8	6	3	7	5	9	4	1
5	1	7	6	4	9	3	2	8

73

8	5	2	9	6	7	1	3	4
3	4	9	2	1	5	7	8	6
7	1	6	4	8	3	9	5	2
5	3	4	8	9	6	2	7	1
2	9	1	7	3	4	5	6	8
6	7	8	5	2	1	4	9	3
4	2	7	3	5	8	6	1	9
9	6	3	1	7	2	8	4	5
1	8	5	6	4	9	3	2	7

74

9	1	5	6	3	7	4	8	2
3	6	7	8	2	4	5	9	1
8	4	2	5	1	9	6	7	3
7	5	4	3	8	2	9	1	6
2	8	3	1	9	6	7	4	5
6	9	1	4	7	5	3	2	8
4	3	8	9	5	1	2	6	7
1	2	9	7	6	3	8	5	4
5	7	6	2	4	8	1	3	9

75

9	6	5	8	2	4	7	3	1
8	1	2	7	5	3	9	4	6
4	3	7	1	9	6	5	2	8
7	2	9	3	4	1	6	8	5
1	8	4	9	6	5	2	7	3
3	5	6	2	8	7	1	9	4
5	7	8	6	3	9	4	1	2
2	4	1	5	7	8	3	6	9
6	9	3	4	1	2	8	5	7

76

8	7	9	4	5	2	6	3	1
4	6	3	9	1	8	7	5	2
5	1	2	6	3	7	4	9	8
2	4	5	3	9	1	8	6	7
7	9	1	8	6	5	3	2	4
3	8	6	7	2	4	9	1	5
1	3	7	2	8	9	5	4	6
6	5	8	1	4	3	2	7	9
9	2	4	5	7	6	1	8	3

77

4	6	9	3	8	1	2	5	7
7	5	3	4	6	2	9	1	8
1	2	8	9	5	7	4	6	3
9	4	6	8	2	3	5	7	1
5	8	7	1	4	6	3	2	9
3	1	2	5	7	9	6	8	4
2	9	1	7	3	5	8	4	6
6	7	4	2	9	8	1	3	5
8	3	5	6	1	4	7	9	2

78

9	4	5	7	3	1	2	6	8
8	7	6	2	4	9	5	1	3
1	2	3	8	6	5	4	7	9
3	1	7	5	8	2	9	4	6
6	5	4	1	9	3	7	8	2
2	9	8	4	7	6	3	5	1
4	6	9	3	5	8	1	2	7
7	8	2	9	1	4	6	3	5
5	3	1	6	2	7	8	9	4

79

7	1	9	3	5	6	8	4	2
4	5	3	8	2	1	9	7	6
6	8	2	7	4	9	5	1	3
3	4	8	6	9	2	7	5	1
1	2	7	5	8	4	6	3	9
9	6	5	1	7	3	4	2	8
2	7	6	9	1	5	3	8	4
8	3	1	4	6	7	2	9	5
5	9	4	2	3	8	1	6	7

80

5	1	6	2	8	3	9	4	7
9	2	3	7	5	4	1	8	6
7	8	4	9	6	1	2	5	3
4	5	2	6	9	8	3	7	1
8	7	9	1	3	5	6	2	4
6	3	1	4	2	7	5	9	8
3	9	5	8	7	6	4	1	2
1	6	7	5	4	2	8	3	9
2	4	8	3	1	9	7	6	5

81

6	4	2	5	9	1	7	8	3
7	1	9	8	3	2	4	5	6
8	3	5	4	6	7	2	1	9
2	7	3	9	1	5	6	4	8
9	5	8	3	4	6	1	2	7
4	6	1	2	7	8	3	9	5
1	8	4	7	5	3	9	6	2
3	2	6	1	8	9	5	7	4
5	9	7	6	2	4	8	3	1

82

2	9	8	1	3	7	4	6	5
1	5	6	4	8	2	7	9	3
3	7	4	9	5	6	1	8	2
5	2	1	6	4	8	3	7	9
9	8	7	5	1	3	2	4	6
6	4	3	2	7	9	5	1	8
4	1	9	3	6	5	8	2	7
8	3	2	7	9	4	6	5	1
7	6	5	8	2	1	9	3	4

83

3	8	9	7	2	6	4	5	1
5	7	2	4	1	9	8	3	6
4	1	6	3	8	5	9	7	2
6	9	1	2	7	8	5	4	3
2	4	7	1	5	3	6	9	8
8	5	3	9	6	4	1	2	7
9	6	4	8	3	7	2	1	5
7	2	8	5	9	1	3	6	4
1	3	5	6	4	2	7	8	9

84

7	4	8	2	5	9	1	6	3
5	1	6	4	3	8	7	9	2
2	3	9	1	7	6	8	4	5
6	9	2	7	1	5	4	3	8
3	5	7	8	2	4	6	1	9
4	8	1	9	6	3	5	2	7
1	6	3	5	8	2	9	7	4
9	2	5	6	4	7	3	8	1
8	7	4	3	9	1	2	5	6

85

6	8	9	1	3	5	4	7	2
1	7	5	4	2	6	8	9	3
2	4	3	8	9	7	1	5	6
4	3	6	9	8	1	7	2	5
7	5	2	6	4	3	9	1	8
9	1	8	7	5	2	3	6	4
3	9	1	2	6	8	5	4	7
5	6	4	3	7	9	2	8	1
8	2	7	5	1	4	6	3	9

86

5	6	4	1	8	9	2	7	3
1	9	8	2	7	3	5	4	6
7	2	3	4	6	5	9	1	8
9	7	5	8	4	1	6	3	2
4	8	2	3	5	6	1	9	7
6	3	1	9	2	7	4	8	5
2	1	7	6	9	8	3	5	4
3	5	6	7	1	4	8	2	9
8	4	9	5	3	2	7	6	1

87

2	7	8	4	5	9	3	6	1
9	1	3	6	7	8	4	5	2
6	4	5	1	2	3	7	8	9
4	3	7	8	9	1	6	2	5
5	8	6	2	3	4	9	1	7
1	9	2	7	6	5	8	4	3
3	2	9	5	8	6	1	7	4
8	5	4	9	1	7	2	3	6
7	6	1	3	4	2	5	9	8

88

5	7	3	8	9	4	6	2	1
1	9	4	2	6	5	3	7	8
2	6	8	1	7	3	9	5	4
6	2	5	7	4	9	1	8	3
3	4	9	5	1	8	7	6	2
8	1	7	3	2	6	5	4	9
9	5	2	4	3	7	8	1	6
4	8	6	9	5	1	2	3	7
7	3	1	6	8	2	4	9	5

89

7	2	1	6	5	4	8	9	3
4	9	3	8	2	1	6	5	7
5	6	8	7	9	3	2	4	1
6	3	5	2	4	8	7	1	9
2	1	7	5	3	9	4	8	6
9	8	4	1	6	7	3	2	5
8	4	9	3	7	5	1	6	2
3	5	2	4	1	6	9	7	8
1	7	6	9	8	2	5	3	4

90

4	7	9	1	3	5	2	6	8
6	3	1	9	2	8	5	7	4
5	8	2	6	4	7	1	3	9
8	2	3	4	1	9	6	5	7
1	6	5	8	7	2	9	4	3
7	9	4	5	6	3	8	1	2
3	5	7	2	9	6	4	8	1
2	1	6	7	8	4	3	9	5
9	4	8	3	5	1	7	2	6

91

3	1	8	5	6	2	7	9	4
4	9	6	3	8	7	2	5	1
7	5	2	1	9	4	8	6	3
5	6	7	9	3	1	4	2	8
1	8	9	4	2	5	3	7	6
2	4	3	8	7	6	9	1	5
9	7	4	6	5	8	1	3	2
6	2	1	7	4	3	5	8	9
8	3	5	2	1	9	6	4	7

92

7	6	5	2	1	8	9	4	3
9	4	1	6	7	3	2	8	5
8	3	2	9	4	5	7	1	6
3	8	4	1	5	7	6	9	2
2	9	7	4	3	6	8	5	1
5	1	6	8	2	9	3	7	4
4	2	8	3	9	1	5	6	7
6	7	3	5	8	4	1	2	9
1	5	9	7	6	2	4	3	8

93

9	2	6	8	1	4	7	5	3
7	3	1	6	2	5	8	4	9
8	5	4	7	3	9	6	2	1
6	8	2	5	9	7	3	1	4
3	7	5	2	4	1	9	8	6
1	4	9	3	8	6	5	7	2
4	9	7	1	5	3	2	6	8
2	6	3	4	7	8	1	9	5
5	1	8	9	6	2	4	3	7

94

2	3	1	6	4	7	5	9	8
6	4	8	1	9	5	2	3	7
5	7	9	2	3	8	4	6	1
4	2	6	9	5	1	7	8	3
3	8	5	7	2	6	9	1	4
1	9	7	4	8	3	6	2	5
9	1	2	3	7	4	8	5	6
7	5	3	8	6	2	1	4	9
8	6	4	5	1	9	3	7	2

95

1	9	2	5	8	7	4	6	3
5	4	7	6	1	3	9	2	8
3	6	8	2	9	4	5	7	1
2	1	9	8	3	6	7	4	5
4	7	3	9	5	2	8	1	6
8	5	6	4	7	1	3	9	2
9	3	4	1	2	5	6	8	7
7	8	1	3	6	9	2	5	4
6	2	5	7	4	8	1	3	9

96

4	8	1	7	9	3	5	6	2
3	6	5	4	2	8	7	1	9
9	7	2	5	6	1	8	3	4
7	1	6	8	4	9	2	5	3
5	9	8	3	7	2	1	4	6
2	3	4	1	5	6	9	7	8
1	4	9	2	3	5	6	8	7
8	2	7	6	1	4	3	9	5
6	5	3	9	8	7	4	2	1

97

4	9	2	5	3	8	1	6	7
5	8	6	1	9	7	2	3	4
3	7	1	2	4	6	5	8	9
6	5	3	8	2	4	7	9	1
8	1	9	7	6	5	4	2	3
2	4	7	9	1	3	6	5	8
9	6	5	4	8	1	3	7	2
7	2	4	3	5	9	8	1	6
1	3	8	6	7	2	9	4	5

98

3	1	2	9	7	6	8	5	4
4	7	8	3	1	5	6	9	2
5	9	6	4	8	2	1	3	7
9	6	1	5	4	8	2	7	3
2	4	7	6	9	3	5	8	1
8	3	5	7	2	1	9	4	6
1	2	3	8	5	4	7	6	9
7	8	4	2	6	9	3	1	5
6	5	9	1	3	7	4	2	8

99

2	5	7	8	3	9	4	6	1
6	3	4	5	1	7	2	9	8
1	8	9	6	4	2	7	5	3
3	7	2	4	6	8	5	1	9
9	1	6	2	5	3	8	4	7
5	4	8	9	7	1	6	3	2
7	9	5	3	2	6	1	8	4
8	6	1	7	9	4	3	2	5
4	2	3	1	8	5	9	7	6

100

3	6	9	7	2	1	4	5	8
7	1	8	6	4	5	2	3	9
4	2	5	8	9	3	6	7	1
1	4	3	5	7	2	9	8	6
5	9	2	3	6	8	7	1	4
8	7	6	4	1	9	5	2	3
2	3	1	9	5	4	8	6	7
9	8	7	2	3	6	1	4	5
6	5	4	1	8	7	3	9	2

101

8	2	5	6	4	7	9	1	3
7	6	3	9	1	8	5	2	4
4	1	9	3	5	2	6	7	8
5	3	6	1	7	9	8	4	2
1	7	2	4	8	6	3	9	5
9	4	8	5	2	3	1	6	7
3	8	1	2	9	4	7	5	6
2	5	7	8	6	1	4	3	9
6	9	4	7	3	5	2	8	1

102

2	5	3	4	6	7	9	1	8
8	1	6	5	2	9	3	4	7
7	9	4	8	1	3	2	5	6
9	6	7	3	8	4	1	2	5
3	2	1	7	5	6	4	8	9
5	4	8	2	9	1	7	6	3
4	3	2	6	7	5	8	9	1
1	7	5	9	4	8	6	3	2
6	8	9	1	3	2	5	7	4

103

4	3	6	8	9	1	2	7	5
7	5	2	4	3	6	8	9	1
9	1	8	2	5	7	3	6	4
3	7	9	5	1	4	6	2	8
6	8	4	9	7	2	1	5	3
5	2	1	3	6	8	9	4	7
1	9	3	6	4	5	7	8	2
8	6	5	7	2	3	4	1	9
2	4	7	1	8	9	5	3	6

104

9	1	5	6	7	2	3	8	4
8	2	6	5	3	4	7	9	1
4	7	3	9	8	1	2	6	5
6	3	1	4	5	8	9	7	2
2	9	4	3	6	7	5	1	8
5	8	7	2	1	9	4	3	6
3	4	8	7	2	6	1	5	9
7	6	2	1	9	5	8	4	3
1	5	9	8	4	3	6	2	7

105

6	2	9	5	7	4	3	8	1
1	4	7	2	3	8	5	6	9
5	8	3	1	9	6	4	7	2
7	9	4	8	1	3	6	2	5
2	6	1	4	5	9	8	3	7
3	5	8	6	2	7	1	9	4
4	3	2	7	8	5	9	1	6
9	1	5	3	6	2	7	4	8
8	7	6	9	4	1	2	5	3

106

2	7	5	9	1	4	3	6	8
4	6	9	2	8	3	1	7	5
8	1	3	7	6	5	2	9	4
1	4	8	6	5	2	9	3	7
3	5	6	1	7	9	4	8	2
9	2	7	3	4	8	6	5	1
7	3	1	8	2	6	5	4	9
6	8	4	5	9	1	7	2	3
5	9	2	4	3	7	8	1	6

107

3	8	7	2	9	6	4	5	1
2	6	5	8	4	1	7	3	9
1	4	9	3	5	7	2	8	6
7	5	2	9	3	4	1	6	8
9	1	4	6	7	8	5	2	3
6	3	8	5	1	2	9	7	4
5	7	6	4	8	9	3	1	2
8	9	3	1	2	5	6	4	7
4	2	1	7	6	3	8	9	5

108

1	5	2	6	8	7	9	3	4
8	3	7	1	9	4	5	6	2
4	6	9	5	2	3	7	1	8
3	2	5	7	6	8	4	9	1
7	8	4	9	3	1	6	2	5
6	9	1	4	5	2	8	7	3
5	7	8	3	1	6	2	4	9
2	1	6	8	4	9	3	5	7
9	4	3	2	7	5	1	8	6

109

8	2	9	6	3	5	1	4	7
7	3	5	8	4	1	2	6	9
1	6	4	2	9	7	3	5	8
6	4	7	9	5	2	8	3	1
3	8	1	7	6	4	5	9	2
5	9	2	1	8	3	4	7	6
9	5	6	3	2	8	7	1	4
2	7	3	4	1	6	9	8	5
4	1	8	5	7	9	6	2	3

110

1	9	7	2	3	5	8	4	6
8	6	5	4	1	9	7	3	2
2	3	4	6	7	8	9	5	1
5	1	6	7	8	2	3	9	4
3	2	8	9	6	4	5	1	7
7	4	9	1	5	3	2	6	8
9	5	1	8	4	7	6	2	3
6	8	2	3	9	1	4	7	5
4	7	3	5	2	6	1	8	9

111

3	8	4	7	1	2	6	5	9
7	5	6	9	8	4	2	3	1
2	1	9	5	6	3	8	7	4
8	7	1	2	3	5	4	9	6
9	6	3	1	4	8	7	2	5
4	2	5	6	7	9	1	8	3
1	3	7	8	9	6	5	4	2
6	4	2	3	5	7	9	1	8
5	9	8	4	2	1	3	6	7

112

6	5	8	2	9	4	3	7	1
3	4	1	7	8	5	6	9	2
9	2	7	3	6	1	8	5	4
4	6	3	8	5	7	1	2	9
7	1	5	9	3	2	4	6	8
2	8	9	1	4	6	5	3	7
1	3	2	5	7	8	9	4	6
5	7	4	6	1	9	2	8	3
8	9	6	4	2	3	7	1	5

113

5	9	3	2	4	7	6	8	1
7	2	8	5	6	1	3	9	4
6	1	4	3	8	9	2	7	5
2	3	6	9	5	4	8	1	7
4	7	1	8	3	2	9	5	6
8	5	9	1	7	6	4	3	2
9	6	5	4	1	3	7	2	8
1	4	2	7	9	8	5	6	3
3	8	7	6	2	5	1	4	9

114

2	1	3	6	7	5	8	9	4
8	6	9	3	1	4	2	5	7
7	4	5	8	9	2	6	1	3
3	8	4	1	5	7	9	2	6
6	5	2	4	8	9	3	7	1
1	9	7	2	3	6	5	4	8
9	7	6	5	4	3	1	8	2
5	3	1	7	2	8	4	6	9
4	2	8	9	6	1	7	3	5

115

4	3	1	7	8	5	2	9	6
8	6	2	4	9	1	3	7	5
9	7	5	2	6	3	1	4	8
2	8	3	6	5	9	7	1	4
7	1	6	3	4	8	9	5	2
5	9	4	1	2	7	8	6	3
1	2	7	5	3	4	6	8	9
6	4	9	8	1	2	5	3	7
3	5	8	9	7	6	4	2	1

116

5	9	1	8	6	3	2	4	7
8	7	3	9	4	2	5	6	1
2	4	6	5	1	7	3	9	8
1	2	9	4	8	6	7	5	3
6	3	5	7	2	9	8	1	4
4	8	7	1	3	5	6	2	9
7	1	2	6	9	8	4	3	5
3	5	4	2	7	1	9	8	6
9	6	8	3	5	4	1	7	2

117

3	6	2	8	4	1	9	5	7
1	9	5	7	3	6	8	4	2
7	4	8	9	5	2	3	1	6
2	7	3	5	6	9	4	8	1
9	1	4	3	7	8	2	6	5
8	5	6	2	1	4	7	9	3
4	3	1	6	8	7	5	2	9
6	2	7	4	9	5	1	3	8
5	8	9	1	2	3	6	7	4

118

9	1	8	6	4	2	5	3	7
7	6	3	9	5	1	2	8	4
2	5	4	7	8	3	1	6	9
4	7	2	3	9	8	6	1	5
6	9	5	2	1	4	8	7	3
8	3	1	5	7	6	9	4	2
3	8	6	4	2	9	7	5	1
1	2	7	8	3	5	4	9	6
5	4	9	1	6	7	3	2	8

119

2	6	7	5	8	1	3	4	9
9	1	5	6	4	3	7	2	8
3	8	4	9	7	2	1	5	6
7	2	3	8	9	6	4	1	5
5	4	6	2	1	7	9	8	3
8	9	1	4	3	5	2	6	7
1	5	8	3	2	9	6	7	4
6	3	2	7	5	4	8	9	1
4	7	9	1	6	8	5	3	2

120

9	6	1	3	7	8	4	2	5
3	8	4	1	2	5	7	6	9
5	2	7	9	4	6	1	3	8
8	1	3	5	9	7	6	4	2
4	7	6	2	8	1	5	9	3
2	9	5	4	6	3	8	7	1
6	4	2	8	1	9	3	5	7
7	5	8	6	3	2	9	1	4
1	3	9	7	5	4	2	8	6

121

2	3	7	9	8	1	5	6	4
6	8	5	2	7	4	9	1	3
9	1	4	5	6	3	8	7	2
4	7	2	1	9	5	6	3	8
8	5	6	3	4	7	2	9	1
3	9	1	6	2	8	4	5	7
1	6	8	7	5	2	3	4	9
5	2	3	4	1	9	7	8	6
7	4	9	8	3	6	1	2	5

122

9	8	4	7	5	3	6	2	1
3	6	2	8	1	4	5	7	9
1	7	5	9	2	6	3	4	8
7	2	1	3	9	5	4	8	6
6	9	3	4	7	8	2	1	5
5	4	8	2	6	1	7	9	3
2	1	9	5	3	7	8	6	4
4	3	7	6	8	9	1	5	2
8	5	6	1	4	2	9	3	7

123

4	9	6	5	8	3	7	1	2
2	5	1	4	6	7	9	3	8
8	7	3	1	2	9	6	5	4
3	2	8	6	7	4	5	9	1
5	6	9	3	1	8	2	4	7
1	4	7	9	5	2	3	8	6
9	8	4	7	3	6	1	2	5
6	1	2	8	9	5	4	7	3
7	3	5	2	4	1	8	6	9

124

8	2	7	4	9	3	6	1	5
5	3	4	6	7	1	2	8	9
6	1	9	8	5	2	7	4	3
4	6	3	7	8	9	1	5	2
1	7	5	3	2	4	8	9	6
9	8	2	5	1	6	4	3	7
2	5	1	9	4	7	3	6	8
3	4	8	2	6	5	9	7	1
7	9	6	1	3	8	5	2	4

125

1	7	4	2	9	8	5	6	3
2	3	5	4	1	6	8	9	7
8	6	9	3	5	7	4	1	2
5	4	3	8	2	1	9	7	6
6	8	1	9	7	3	2	5	4
9	2	7	6	4	5	1	3	8
7	1	2	5	3	4	6	8	9
4	5	6	7	8	9	3	2	1
3	9	8	1	6	2	7	4	5

126

6	1	8	7	3	5	9	4	2
3	7	2	9	4	1	5	6	8
9	4	5	8	6	2	7	1	3
2	9	1	6	7	4	8	3	5
5	6	7	3	1	8	2	9	4
8	3	4	2	5	9	1	7	6
7	2	6	5	9	3	4	8	1
1	5	9	4	8	6	3	2	7
4	8	3	1	2	7	6	5	9

127

8	3	4	2	6	7	5	1	9
6	5	9	1	3	4	2	7	8
1	2	7	9	5	8	4	3	6
2	7	6	5	4	1	9	8	3
5	9	8	6	7	3	1	2	4
4	1	3	8	2	9	6	5	7
9	4	5	7	8	2	3	6	1
7	6	1	3	9	5	8	4	2
3	8	2	4	1	6	7	9	5

128

2	3	5	7	4	9	8	1	6
9	1	6	5	2	8	4	3	7
8	4	7	1	3	6	9	5	2
7	5	4	8	1	2	6	9	3
6	8	3	4	9	5	7	2	1
1	9	2	6	7	3	5	8	4
5	7	8	2	6	1	3	4	9
4	2	9	3	5	7	1	6	8
3	6	1	9	8	4	2	7	5

129

3	4	6	8	2	7	9	5	1
9	5	7	6	1	4	2	3	8
1	8	2	3	5	9	7	4	6
7	3	9	2	6	8	4	1	5
8	6	4	1	7	5	3	9	2
5	2	1	4	9	3	6	8	7
6	7	8	9	4	1	5	2	3
4	1	5	7	3	2	8	6	9
2	9	3	5	8	6	1	7	4

130

2	1	4	9	3	5	8	6	7
7	3	9	6	8	4	1	5	2
5	6	8	7	2	1	3	9	4
4	7	2	8	5	9	6	3	1
1	9	5	3	6	7	2	4	8
6	8	3	1	4	2	9	7	5
9	5	1	2	7	6	4	8	3
8	4	6	5	1	3	7	2	9
3	2	7	4	9	8	5	1	6

131

7	2	5	8	6	4	9	3	1
8	1	4	5	9	3	2	7	6
3	6	9	1	7	2	5	4	8
6	7	8	3	4	9	1	2	5
1	4	2	6	5	8	7	9	3
5	9	3	2	1	7	6	8	4
2	3	6	7	8	5	4	1	9
9	8	1	4	2	6	3	5	7
4	5	7	9	3	1	8	6	2

132

6	2	5	4	1	9	7	3	8
1	7	3	5	8	6	9	4	2
9	8	4	2	7	3	1	6	5
2	3	8	7	6	1	4	5	9
7	5	1	8	9	4	6	2	3
4	9	6	3	2	5	8	7	1
5	6	9	1	4	2	3	8	7
3	1	7	6	5	8	2	9	4
8	4	2	9	3	7	5	1	6